Ça marche!

La matière

Anna Claybourne

Texte français de Louise Prévost-Bicego

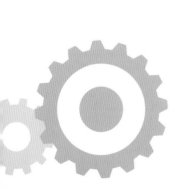

Éditions
■SCHOLASTIC

Catalogage avant publication de Bibliothèque et Archives Canada

Claybourne, Anna

La matière / Anna Claybourne ;

illustrations de John Haslam ; texte

français de Louise Prévost-Bicego.

(Ça marche!)

Traduction de: Materials.

Comprend un index.

Pour les 5-8 ans.

ISBN 978-0-545-98179-8

1. Matière--Expériences--Ouvrages pour la jeunesse I. Haslam, John II. Prévost-Bicego, Louise III. Titre. IV. Collection: Ça marche!

(Éditions Scholastic)

QC173.36.C5314 2009   j530.4   C2009-901011-9

Édition publiée par les Éditions Scholastic, 604, rue King Ouest, Toronto (Ontario) M5V 1E1.

5 4 3 2 1   Imprimé en Chine   09 10 11 12 13

Auteure : Anna Claybourne
Conceptrice graphique : Susi Martin
Recherchiste d'images : Claudia Tate
Illustrateur : John Haslam
Directrice artistique : Zeta Davies

Références photographiques
Shutterstock 4-13, 16-21

Les mots en caractères **gras** sont expliqués dans le glossaire de la page 22.

Table des matières

Des choses partout!

Regarde autour de toi. Que vois-tu? Il y a de la matière partout!

Les choses fabriquées, comme une chaise, une bicyclette ou un livre, sont faites de matières. Ce qui est naturel, comme une roche, un arbre, l'eau et ton corps, l'est aussi.

Bois

Regarde les objets dans cette classe. Ils sont tous faits de matières.

Plastique

Il existe de nombreuses sortes de matières, comme le bois, le verre, la laine et le plastique.

Laine

Verre

C'est un fait

Une matière est tout ce qui occupe de l'espace. On peut généralement la toucher.

5

De quelle texture?

Chaque matière a sa propre texture. Par exemple, elle peut être rugueuse ou lisse, dure ou molle.

Fais un essai

Amuse-toi! Devine quelle matière tu touches.

Bouchon de liège

1 Bande-toi les yeux. Demande à un adulte de poser des objets faits de différentes matières sur un plateau.

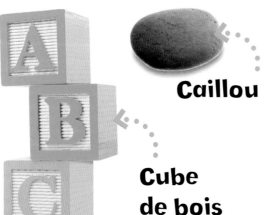

Caillou

Cube de bois

2 Touche les objets avec tes mains. L'objet est-il lisse ou rugueux, mou ou dur, sec ou glissant, chaud ou froid? Sais-tu ce que c'est?

Papier de soie

Morceau de chocolat

Morceau de fromage

Pelote de laine

Ouate

Coquillage

Pièce de monnaie

Gomme à effacer

Cuillère de plastique

La pièce en métal est dure et froide et ne s'écrase pas.

La ouate est moelleuse, chaude et facile à écraser.

D'où viennent les matières?

Les matières servant à fabriquer les choses dont on a besoin viennent d'un peu partout : des animaux, des plantes ou de la Terre.

Fais un essai

Il te faut plein d'objets de différentes matières.

Essaie de faire trois groupes.

Fromage

Laine

1. Choses venant d'animaux.

La laine vient des moutons.
Le fromage est souvent fait de lait de vache.
Les coquillages sont des créatures marines.

Coquillage

2. Choses venant de plantes.

Le bois vient des arbres. Le papier est fait à partir du bois. Le coton vient aussi des plantes.

Bois

Ouate

Papier

Pièce de métal

3. Choses venant de la Terre.

Les roches et les métaux viennent de la Terre. Ces matières s'appellent des *minéraux*.

Caillou

MATIÈRES FABRIQUÉES

Certaines matières sont fabriquées à partir d'éléments naturels. Le verre est fait avec du sable et le plastique, avec du pétrole venant de la Terre.

Certaines matières appartiennent à plus d'un groupe! Le chocolat contient du lait venant d'un animal et du cacao venant d'une plante.

Chocolat

9

Dur ou mou?

Certaines matières sont molles, d'autres sont dures. Tu peux faire un test pour le savoir.

Fais un essai

Il te faut des objets faits de différentes matières, comme ceux-ci :

* ★ **balle en caoutchouc**
* ★ **caillou**
* ★ **boule d'ouate**
* ★ **coquillage**
* ★ **bouchon de liège**
* ★ **chaussette**
* ★ **raisin**
* ★ **pâte à modeler**

1 Fais un essai pour voir si les objets sont durs. Tente de les presser, de les courber ou de les frapper avec une cuillère. Les matières dures ne changent pas de forme.

Chaussette

Coquillage

Caillou

Pâte à modeler

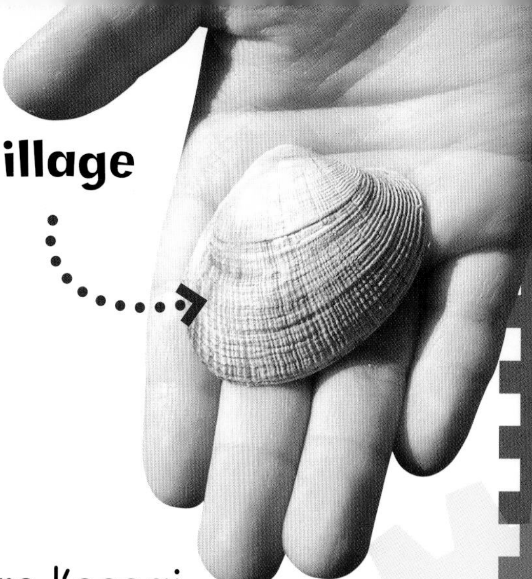

2 Dresse une liste des objets du plus dur au plus mou. Numérote-les.

3 Fais faire l'essai à d'autres personnes. Êtes-vous d'accord sur ce qui est le plus dur? Certaines matières (pierres, coquillages) peuvent sembler aussi dures les unes que les autres.

Bouchon de liège

Raisin

Boule d'ouate

DURETÉ
1. caillou

Ça coule ou ça flotte?

Quand on met une matière dans l'eau, elle flotte ou elle coule.

Voici un autre essai à faire avec les matières.

Fais un essai

Il te faut un bol d'eau et quelques objets.

Voici des idées de matières à utiliser :

★ **pièce de monnaie**
★ **bouchon de liège**
★ **pâte à modeler**
★ **figurine de jeu en plastique**
★ **caillou**
★ **cube de bois**
★ **crayon de cire**
★ **mousse de polystyrène**

Pièce de monnaie

Caillou

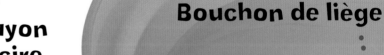

Bouchon de liège

Crayon de cire

Cube de bois

on teste!

Des scientifiques font de tels essais pour découvrir les propriétés des matières et à quoi elles pourraient servir.

Place les objets dans le bol. Lesquels flottent? Lesquels coulent?

À ton avis, à quoi pourraient servir les objets qui flottent? Et ceux qui coulent?

Jouet de plastique

Ce gilet de sauvetage est fait d'une sorte de mousse qui flotte.

La résistance

Voici une expérience pour savoir quelle matière est la plus résistante – le papier d'imprimante, de soie ou d'aluminium?

Fais un essai

Il te faut deux pots de yogourt (un gros et un petit), un élastique et des billes de même grosseur.

1 Place un morceau de papier d'imprimante sur le gros pot de yogourt. Fixe-le avec une bande élastique.

2 Pose le petit pot de yogourt sur le papier d'imprimante.

3 Remplis-le de billes, une à la fois, jusqu'à ce que le papier se déchire et que le pot tombe.

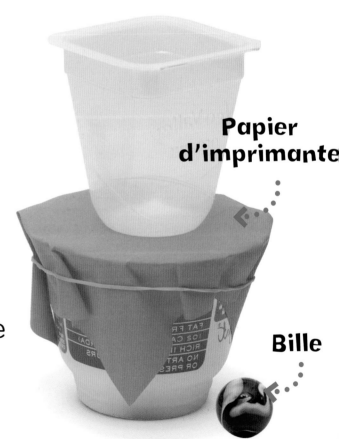

Papier d'imprimante

Bille

Fais la même expérience avec les autres matières. Laquelle peut porter le plus de billes avant de se déchirer?

Pense à d'autres expériences. Que ferais-tu pour savoir si une matière est imperméable?

Que ferais-tu pour voir jusqu'à quel point elle peut se courber ou s'étirer?

Papier d'aluminium

Papier de soie

Pot de yogourt

Chacun sa matière!

La matière dont est fait un objet dépend de l'utilisation qu'on en fait.

À ton avis, pourquoi une cuillère de cuisine est-elle en bois?

Elle n'absorbe pas facilement la chaleur, donc son manche reste froid.

Elle ne change pas le goût des aliments.

Elle ne se brise pas si on la fait tomber.

C'est un fait

Le bois ne fond pas à la chaleur.

Ce jean est fait d'un **tissu** de coton résistant. Pourquoi?

Le coton plie avec ton corps quand tu bouges.

Il est doux au toucher et te tient chaud. Il est facile à laver et à sécher.

Le choix de la matière est important. Qu'arriverait-il si les choses étaient faites avec la mauvaise matière?

MAUVAISE MATIÈRE!

Que se passerait-il si une cuillère était faite de tissu? Et si ton jean était fait de bois?

Solide ou liquide?

Tu as fait des essais avec des objets **solides** comme une pièce de monnaie, une cuillère et un bouchon de liège. Mais les **liquides**, comme l'eau, le lait ou le jus, sont aussi des matières.

Quelle différence y a-t-il entre un solide et un liquide? Fais les essais suivants avec un petit pot d'eau et des pâtes crues.

Fais un essai

Que se passe-t-il si tu verses l'eau et les pâtes dans une assiette?

Peux-tu mettre ton doigt dans l'eau, parmi les pâtes?

18

Les solides et les liquides se comportent de façons différentes. Un liquide coule, se verse et change de forme.

Un solide garde sa forme.

Il existe aussi une autre sorte de matière : le **gaz**. Le gaz se répand partout; il est habituellement difficile à voir. L'air est fait de gaz.

Peux-tu verser l'eau et les pâtes dans une passoire?

C'est un fait

Une matière peut être un solide, un liquide ou un gaz.

La matière change

La matière peut se transformer en solide, en liquide ou en gaz. Elle tend à changer au contact du froid ou de la chaleur.

As-tu déjà vu quelqu'un mettre un peu de beurre dans une poêle chaude? Que se passe-t-il?

Le beurre solide fond. Il se change en liquide.

Fais un essai

Il te faut deux verres en plastique contenant un peu d'eau. Assure-toi de mettre la même quantité d'eau dans chaque verre.

1 Mets l'un des verres d'eau au congélateur.

2 Mets l'autre près d'un radiateur chaud ou d'une fenêtre au soleil. Attends une journée.

Verre congelé

Verre chauffé par le soleil

C'est un fait

Au congélateur, l'eau s'est changée en glace. Elle est passée de l'état liquide à solide. L'eau laissée dans un endroit chaud a disparu! Elle s'est changée en gaz.

Quand de l'eau bout, elle se transforme en gaz appelé vapeur.

AUTRES CHANGEMENTS

Pense à d'autres changements de la matière. Qu'arrive-t-il à du chocolat que tu mets dans ta bouche? Et à la crème glacée sous le soleil?

21

Glossaire

Fondre
Ce que fait un solide, comme du beurre, de la glace ou du chocolat, quand de la chaleur le change en liquide.

Gaz
Sorte de matière. Le gaz se répand pour remplir l'espace autour de lui.

Liquide
Sorte de matière, comme l'eau, le lait, l'huile ou le vinaigre, qui peut couler et se verser.

Matière
Ce dont les objets sont faits. Une table est faite de bois et une vitre, de verre. Le bois et le verre sont des matières.

Minéraux
Sorte de matière qui vient de la Terre.

Solide
Sorte de matière qui garde sa forme.

Test
Expérience qui t'aide à te renseigner sur quelque chose.

Tissu
Étoffe faite de coton ou de laine, par exemple. Elle sert souvent à fabriquer des vêtements.

Index

Notes aux parents et aux enseignants

• Encouragez les enfants à repérer diverses matières autour d'eux. Parlez de matières inusitées comme la fibre de carbone et la pâte à modeler rebondissante. Discutez de ce dont elles pourraient être faites et de la façon dont elles se comportent. Vous pourriez aider les enfants à se renseigner sur ces matières dans des livres ou sur Internet.

• Les enfants peuvent faire une foule d'autres essais sur les matières. Créez des expériences permettant de découvrir si des matières sont attirées par un aimant, si elles conduisent la chaleur ou si elles se courbent ou s'étirent. Encouragez les enfants à noter les résultats sur une feuille.

• Voyez pourquoi les objets sont faits d'une certaine matière et discutez de leur utilisation. Souvent, chaque partie d'un objet est faite d'une matière différente. Parlez, par exemple, du manche en caoutchouc d'un couteau-éplucheur ou des œillets en métal autour des lacets de chaussures – à quoi ceux-ci servent-ils?

• Parfois, des objets fonctionnent mal. Les jouets en plastique se cassent facilement et les jeans s'usent aux genoux, par exemple. Encouragez les enfants à concevoir des objets améliorés ou à en inventer de nouveaux, mieux adaptés. Demandez-leur d'en faire un dessin et d'indiquer les matières qu'ils utiliseraient.

• Les mêmes objets peuvent être faits de matières différentes : cuillères en métal, en bois ou en plastique; sacs en plastique, en tissu ou en cuir. Quels sont les avantages des différentes matières et à quoi peuvent-elles servir?

• Trouvez différents états de la matière dans la vie de tous les jours. Les liquides incluent les huiles de cuisson, le pétrole et la salive; les gaz incluent ceux des cuisinières et des réchauds de camping. Il y a du gaz dans notre haleine.

• Parlez des changements d'états dans la vie de tous les jours, comme l'eau qui gèle ou qui fond dehors, selon le temps qu'il fait, les vêtements qui sèchent sur une corde à linge et les aliments qui fondent ou qui durcissent en cuisant.